AF455011

3 Février 1905.

VENTE

HOTEL DROUOT, SALLE N° 11

Les Vendredi 3 et Samedi 4 Février 1905

A 2 HEURES 1/4

OBJETS D'ART

ET

D'AMEUBLEMENT

Anciens et de Styles

BELLE COMMODE-MÉDAILLIER

EMAUX CLOISONNÉS

MARBRES — BRONZES — TERRES CUITES

Porcelaines, Faïences

BIJOUX, OBJETS DE VITRINE, ARGENTERIE

TABLEAUX

Tapis d'Orient

Me E. BRAOUÉZEC COMMISSAIRE-PRISEUR *41, Rue de la Victoire, 41*	**M. Arthur BLOCHE** EXPERT PRÈS LA COUR D'APPEL *51, Rue Saint-Georges, 51*

EXPOSITION PUBLIQUE

Le Jeudi 2 Février 1905, de 2 heures à 6 heures

C. CHAUFOUR

8-10, RUE MILTON, 8-10

PARIS

CONDITIONS DE LA VENTE

La vente sera faite au comptant.

Les acquéreurs paieront *dix pour cent* en sus des prix d'adjudication.

Aucune réclamation ne sera admise une fois l'adjudication prononcée.

DÉSIGNATION

MEUBLES

1 — Très belle commode médaillier en bois richement garni de bronzes dorés à médaillons, guirlandes, rubans, encadrement et têtes de béliers, dessus en marbre blanc. Elle s'ouvre à deux portes et à quatre tiroirs à l'intérieur Reproduction de la commode du château de Madrid.

2 — Deux chaises en bois sculpté et doré dossiers à médaillons de carquois et torches dessus en soierie rose brochée à semis de fleurs style Louis XVI.

3-4 — Chambre à coucher en acajou ciré et frisé à filets de cuivre, comprenant un lit de milieu, une armoire à glace à deux portes et une table de nuit avec étagère.

5 — Secrétaire en acajou à colonnes ornées de chapiteaux en bronze ciselé et doré, style Empire.

6 — Bergère en acajou ornée de bronzes style Empire, recouverte en étoffe de l'Epoque.

7 — Chambre à coucher en noyer frisé et ciré comprenant un lit, une armoire à glace et une table de nuit, style Louis XVI.

8 — Bergère en bois sculpté et doré recouverte en soierie fond clair, style Louis XV.

9 — Bergère en bois sculpté et doré ; pendant du numéro précédent.

10 — Table en bois sculpté et doré avec entre-jambe sculpté à guirlandes de roses. Style Louis XVI.

11 — Meuble de salon en noyer ciré à balustres composé d'un canapé, deux fauteuils et deux chaises, recouverts d'étoffe à fleurs, style Louis XVI.

12 — Lit de milieu en cuivre à deux personnes.

13 — Petite table ronde en bois sculpté et doré; entre jambe foncé de canne, dessus en marbre. Style Louis XVI.

14 — Quatre fauteuils en bois noir rehaussé de filets d'or recouverts en drap rouge. Style Louis XV.

15 — Canapé laqué blanc couvert en étoffe à rayures. Style Louis XVI.

16 — Deux chaises en X laquées blanc.

17 — Meuble de salon en bois sculpté et doré forme médaillon recouvert de soierie à rayures composé d'un canapé, deux fauteuils et deux chaises, style Louis XVI.

18 — Grand cadre en bois sculpté.

19 — Ecran en noyer sculpté et ciré recouvert en étoffe brochée.

20 — Coffre à bois en chêne sculpté.

21 — Petite table en acajou à filets de cuivre, forme rognon. Style Louis XV.

22 — Vitrine en acajou et bois de rose ornée de guirlandes en bronze doré. Style Louis XVI.

23 — Deux petits bronzes. Enfants d'après CLODION.

OBJETS D'ART

24 — Grand et beau brûle-parfums en émail cloisonné de Chine, décor de fleurs sur fond bleu turquoise, anses forme crosses, couvercle en partie doré et ajouré surmonté d'une boule avec Dragon en relief.

25 — Joli buste en marbre : la Frisette d'après HOUDON.

26 — Paire de vases en Satzuma décor à réunions de personnages dans des paysages.

27 — Deux cornets en porcelaine de Chine décor offrant la récolte du riz.

28 — Vase avec couvercle en Satzuma à décor très fin représentant un cortège de dignitaires.

29 — Petite figurine en bronze argenté : le petit ramoneur, signé Kley.

30 — Petite statuette en bronze argenté Méphistophelès, signée Guillemin.

31 — Groupe en terre cuite : Maternité, signé A. Carrier-Belleuse.

32 — Groupe en terre cuite : Offrande au dieu Pan.

33 — Candélabre forme Louis XV en bronze doré avec figurine de chinois.

34 — Buste en biscuit : Madame de Lamballe.

35 — Deux petits groupes en biscuit sur socle en marbre gris orné de bronzes : Paysan et paysanne.

36 — Paire de beaux vases de Chine décor à posonnages en polychrome.

37 — Garniture de cinq pièces de Chine, décor à figures.

38 — Brûle-parfums en bronze du Japon décor en bas-relief.

39 — Paire de vases en bronze du Japon, décor en bas-relief.

40 — Deux vases de Chine à pans, décor à personnages.

41 — Deux vases de Chine fond craquelé à personnages.

42 — Trois potiches et deux cornets de Chine, décor en bleu.

43 — Deux vases en émail cloisonné polychrome du Japon.

44 — Quatre petits groupes en biscuit : les Saisons.

45 — Deux jardinières de Chine, décor dans le goût de la famille verte.

46 — Grand buste en marbre : Fanchon la rieuse.

47 — Paire de candélabres à trois lumières en bronze partie dorée : Amours portant des bouquets, style Louis XVI

48 — Paire de chenets en bronze partie dorée : Lions sur balustrades, style Louis XVI.

49 — Grand cartel forme lyre avec tête d'aigle et guirlandes en bronze doré, style Louis XVI.

50 à 66 — Suite de vingt pièces en faience de Pull, décor dans le goût des œuvres de Bernard Palissy.

67 — Très jolie cheminée en marbre blanc finement sculpté, style Louis XVI.

68 — Deux grandes statues en bronze de Jules Ranvier, représentant des femmes supportant des lampadaires.

69 — Gaine en marbre blanc surmontée d'un vase bleu turquin.

70 — Bustes en marbre blanc : Napoléon III et l'Impératrice Eugénie.

71 — Deux grandes portes à deux vantaux en bois finement sculpté et marqueté.

72 — Deux grands vases en porcelaine fond blanc décor bleu monture en bronze.

73 — Boite à jeu en bois de thuya à filets de cuivre.

74 — Deux gaines en marbre vert de mer, ornées de bronzes dorés.

75 — Paire de vases en marbre vert de mer, ornés de bronzes dorés, style Louis XVI.

76 — Pendule en bronze doré représentant Ganymède caressant un aigle, époque Directoire.

77 — Pendule en bronze doré représentant Appollon jouant de la lyre, époque Empire.

78 — Deux panneaux japonais incrustés d'ivoire.

79 — Galerie de foyer en bronze ciselé et doré de style Louis XV.

80 — Encrier en bronze ciselé et doré orné de chimères.

81 — Baromètre au mercure cadre en bois sculpté.

82 à 97 — Quinze divinités bouddhiques..

98-99 — Deux éventails nacre et dentelle.

100-101 — Deux chasubles étoffe ancienne.

102 — Miniature sur ivoire : Sujet pastoral, d'après Boucher.

103 — Portrait de jeune femme anglaise, miniature sur ivoire.

104 — La Laitière, d'après Greuze, miniature sur ivoire.

105 — Bonbonnière en ivoire; couvercle orné d'une miniature sur ivoire.

106 — Grand vase en émail cloisonné décor à réserves de volatiles sur fond bleu posant sur un socle à rosaces et branchages fleuris.

107 — Suspension en cuivre poli lampe à pétrole et neuf lumières.

108 — Bronze : Pêcheur à la ligne, de Rousseau

109 — Bonbonnière en bronze ciselé ornée d'une miniature sur ivoire.

110 — Deux vases en marbre vert ornés de bronzes à têtes de béliers et guirlandes de fleurs. Style Louis XVI.

111 — Cave à liqueurs en bronze ornée de glaces genre anglais.

112 — Paire de porte-bouquets en cristal montés en bronze.

113 — Cave à liqueurs en bronze forme coffre.

114 — Surtout en cristal monté sur bronze.

115 — Service à liqueurs, flacons et petits verres cristal de Baccarat.

116 — Deux flacons à odeurs en cristal, monture en bronze doré.

117 — Deux porte-flacons à odeurs.

118 — Bas-relief en marbre « La Musique », de Caussé.

119 — Statuette en marbre « La Peinture », de Caussé.

120 — Samovar en métal anglais.

121 — Jumelle pliante de théâtre ornée de motifs en argent.

122 — Violon dans sa boîte et archet.

123 — Autre violon également dans sa boîte et archet.

124 — Deux corbeilles à fruits en porcelaine française rehaussée d'or.

125 — Corbeille à fruits en même porcelaine, forme différente.

126 — Deux vases en porcelaine de Chine famille rose, décor à médaillons à personnages.

127 — Quatre petites tasses et soucoupes en porcelaine de Chine, coquille d'œuf, rehaussée d'or à médaillons ornés de petits personnages.

128 — Bol en porcelaine de Chine bleu royal rehaussé d'or.

129 — Pot à biscuits en porcelaine de Saxe, décor à petits médaillons rehauts d'or à scènes guerrières.

130 — Deux soucoupes en porcelaine de Chine, médaillons et monogrammes.

131 — Deux vases en porcelaine de Chine, famille verte à personnages.

132 — Deux statuettes en bois de fer sculpté.

133 — Sac à main en cuir.

BIJOUX, ARGENTERIE

OBJETS DE VITRINE

134 — Paire de boucles d'oreilles formées de deux perles fines montées à vis.

135 — Bague en or ornée d'un rubis, d'un saphir et d'un brillant.

136 — Epingle à chapeau ornée de diamants anciens.

137 — Bague en or Louis XVI ornée de marcassites.

138 — Bague en or enrichie d'une émeraude entre deux brillants.

139 — Bague en or Louis XVI émaillée bleue et enrichie de diamants.

140 — Epingle de cravate ornée d'une perle fine et d'une émeraude.

141 — Deux épingles jumelles en or enrichies de sept perles fines.

142 — Deux salières en argent.

143 — Bague jardinière en or enrichie de brillants, rubis et émeraudes.

144 — Broche barrette, ornée de trois rubis cabochons et de diamants.

145 — Bague en or losange enrichie d'un perido double, entourage diamants montés sur platine.

146 — Bague en or ornée d'un camée.

147 — Bourse en argent doré à compartiments.

148 — Très beau et important sautoir coraux roses et cristaux.

149 — Bague rivière en or ornée d'un rubis d'Orient et de brillants montés sur platine.

150 — Bague en or opale entourée de diamants.

151 — Bague en or enrichie d'une grosse perle entourée de brillants montés sur platine.

152 — Bague en or forme marquise carrée, au centre un saphir avec double entourage en diamants.

153 — Marquise en or enrichie d'émeraudes et de diamants.

154 — Marquise en or ornée de rubis et diamants.

155 — Remontoir de dame en or, boitier enrichi d'une opale.

156 — Remontoir de dame en or enrichi de diamants.

157 — Paire de boucles d'oreilles en or ornées de perles entourées de diamants.

158 — Epinglè de cravate en or, perles et brillant montés sur platine.

159 — Chaine sautoir en argent doré.

160 — Petite lorgnette en nacre monture dorée.

161 — Petit flacon à sels forme vase de fleurs en porcelaine de Saxe décorée.

162 — Petit flacon à sels en cristal taillé, fermeture en argent à monogrammes

163 — Cuiller hollandaise en argent, à personnage.

164 — Pelle à raisin en argent découpé, personnages au milieu d'un jardin.

165 — Pelle à sucre en poudre hollandaise, argent ciselé à jour et petits personnages.

166 — Deux émaux de Limoges sujets religieux, en grisaille.

167 — Flacon à odeurs forme poisson en argent ancien.

168 — Petit flacon à sels en émail fond bleu à médaillon orné de petites pierres, fermoir en argent doré.

169 — Petite pièce en or insigne franc-maçonnique.

170 — Petite pièce en argent, insigne franc-maçonnique.

171 — Petite pièce en bronze, insigne franc-maçonnique.

172 — Quatre médaillons en bronze ancien, personnage entouré de cadres en bronze doré Louis XVI.

173 — Médaillon en Weegwood, femmes, cadre Louis XVI en or.

174 — Petite croix en argent ornée de strass.

175 — Petite boîte en filigrane d'argent.

176 — Petite boîte à poudre en ivoire soulpté, à fleurs et à fruits.

177 — Deux petites croix.

178 — Petite bonbonnière en Saxe décoré, forme coq.

179 — Deux miniatures encadrées.

180 — Deux petites bonbonnières, forme cœur, en Saxe.

181 — Boîte à aiguilles, en porcelaine de Saxe décorée.

182 — Boîte à éventail à coulisse, en vernis Martin.

183 — Boîte en écaile et ivoire ornée d'une miniature entourée d'un cadre en or ciselé.

184 — Encrier en faïence italienne, pieds forme sirènes et cariatides.

TABLEAUX

185 — BERTINGIERI. L'heureux buveur.

186 — BERTINGIERI. Ah ! qu'il est bon.

187 — BERTINGIERI. Lecture de la *Gazette*.

188 — BERTINGIERI. Le repas des vieux.

189 — BOUDIN. Bateaux de pêche au mouillage.

190 — BOURGUIGNON. La Bataille d'Arbelle.

191 — CHAPLIN (Genre de). L'oiseau envolé.

192 — CHATAUD (A.) Poissons et filets de pêche sur la plage. Cadre sculpté et doré.

193 — CHATAUD (A.) Fleurs, fruits. Pendant du précédent.

194 — DELPY (H.-J.) Paysage.

195 — DUPRAY (H.) Escadron de gardes municipaux.

196 — ECOLE FLAMANDE. Nature morte. Deux pendants.

197 — ÉCOLE FLAMANDE. Moïse sauvé des eaux.

198 — ECOLE FRANÇAISE. Portrait de femme en corsage décolleté. Elle est représentée assise dans un fauteuil, coiffure ornée de fleurs.

199 — ECOLE MODERNE. Femme couchée.

200 — ECOLE MODERNE. Portrait de petite fille au bouquet.

201 — ECOLE DU XVIIe SIÈCLE. Descente de croix.

202 — JAPY. Paysage, bord de rivière.

203 — LANGLOIS. Portrait de femme avec châle bleu sur la tête. Pastel.

204 — MABUSE (Jean de). Jésus dans le prétoire. Bonne peinture sur cuivre.

205 — MESPLÈS. Le cotillon. Dessin à la plume.

206 — PÉCRUS. Navire à l'amarre sur le bord d'un quai.

207 — RENARD. Gerbe de fleurs dans un pot.

208 — RIGAUD (Ecole de). Portrait d'homme à grande perruque grise.

209 — ROSE DE TIVOLI. Berger et son troupeau.

210 — VERCHAIN (Louis). Environs de Paris. Aquarelle.

211 — Deux gravures en couleurs : Le déjeuner anglais et la leçon interrompue, cadres en bois sculpté et doré. Style Louis XVI.

212 — Les espiègles. Gravure en couleur.

TAPIS

213 — Tapis de Smyrne.

214 — Deux tapis d'Orient en soie, dessin polychrome.

215 — Objets omis.

www.ingramcontent.com/pod-product-compliance
Ingram Content Group UK Ltd.
Pitfield, Milton Keynes, MK11 3LW, UK
UKHW021048260726
13994UKWH00005B/2397